# BEI GRIN MACHT SICH IHR WISSEN BEZAHLT

- Wir veröffentlichen Ihre Hausarbeit, Bachelor- und Masterarbeit
- Ihr eigenes eBook und Buch - weltweit in allen wichtigen Shops
- Verdienen Sie an jedem Verkauf

Jetzt bei www.GRIN.com hochladen und kostenlos publizieren

**Bibliografische Information der Deutschen Nationalbibliothek:**

Die Deutsche Bibliothek verzeichnet diese Publikation in der Deutschen Nationalbibliografie; detaillierte bibliografische Daten sind im Internet über http://dnb.d-nb.de/ abrufbar.

Dieses Werk sowie alle darin enthaltenen einzelnen Beiträge und Abbildungen sind urheberrechtlich geschützt. Jede Verwertung, die nicht ausdrücklich vom Urheberrechtsschutz zugelassen ist, bedarf der vorherigen Zustimmung des Verlages. Das gilt insbesondere für Vervielfältigungen, Bearbeitungen, Übersetzungen, Mikroverfilmungen, Auswertungen durch Datenbanken und für die Einspeicherung und Verarbeitung in elektronische Systeme. Alle Rechte, auch die des auszugsweisen Nachdrucks, der fotomechanischen Wiedergabe (einschließlich Mikrokopie) sowie der Auswertung durch Datenbanken oder ähnliche Einrichtungen, vorbehalten.

**Impressum:**

Copyright © 2016 GRIN Verlag
Druck und Bindung: Books on Demand GmbH, Norderstedt Germany
ISBN: 9783668919952

**Dieses Buch bei GRIN:**

https://www.grin.com/document/462517

Marius Neumann

**UNICUM.de – Die Wissensreihe**

UNICUM.de

Band 107

# Serious Games in der Wirtschaft. Grundlagen, Bedeutung und potentielle Märkte

GRIN Verlag

**GRIN - Your knowledge has value**

Der GRIN Verlag publiziert seit 1998 wissenschaftliche Arbeiten von Studenten, Hochschullehrern und anderen Akademikern als eBook und gedrucktes Buch. Die Verlagswebsite www.grin.com ist die ideale Plattform zur Veröffentlichung von Hausarbeiten, Abschlussarbeiten, wissenschaftlichen Aufsätzen, Dissertationen und Fachbüchern.

**Besuchen Sie uns im Internet:**

http://www.grin.com/

http://www.facebook.com/grincom

http://www.twitter.com/grin_com

# Serious Games in der Wirtschaft

Seminararbeit

# Inhaltsverzeichnis

1. Einleitung und Fragestellung ............................................................................. 3
2. Allgemeine Grundlagen ..................................................................................... 4
    2.1 Eigenschaften ............................................................................................... 5
    2.2 Aufbau und Konzeption ................................................................................ 6
3. Bedeutung für das Personalmanagement ....................................................... 7
4. Unterstützung von Führungspositionen ........................................................... 8
5. Auswirkung auf die Personalentwicklung ......................................................... 9
6. Derzeitige Verbreitung & potentielle Märkte .................................................. 11
7. Diskussion und Ausblick ................................................................................. 12
Literaturverzeichnis .............................................................................................. 14

## 1. Einleitung und Fragestellung

Die Branche der Videospiele zeigt sich unbeeindruckt globaler Wirtschaftskrisen seit Jahren wachstumsstark. Mit einem Umsatz in Höhe von 91,8 Mrd. US-Dollar im Jahre 2015 (Global Games Market Report, 2016) handelt es sich bereits um eine feste wirtschaftliche Größe. Im Bestreben, neue Anwendungsgebiete für Videospiele zu erschließen, versucht diese Industrie, sich durch Integration auch in anderen Bereichen zu etablieren. Eine solche Richtung, die sich derzeit vom Nischensegment zu einem eigenständigen Forschungs- und Industriezweig entwickelt, ist das (Digital) Game-Based Learning (GBL). Dabei handelt es sich um eine Synthese von zu Unterhaltungszwecken entwickelter Software und pädagogischen Aspekten in Form von wissensvermittelnden Lernprozessen (Susi et al., 2007). Das dadurch neu entstandene Lernmedium der Serious Games hat vielfältige Potentiale, die traditionellen Lernformen aufgrund ihrer Systematik bisher verwehrt blieben. In diesem Rahmen beschäftigt sich die aktuelle Forschung zum einen mit der Steigerung der Effektivität von Serious Games und ihrem optimalen Aufbau, um die Spieleentwicklung in dem noch jungen Bereich voran zu treiben. Problem dieses Forschungsfeldes ist jedoch, dass es an einheitlichen Definitionen und allgemeinen Standards fehlt (Jantke, 2011). Zum anderen wird nach möglichen Anwendungsbereichen gesucht und eine dortige Eignung von Serious Games bewertet. Während im Bildungswesen nicht zuletzt durch verstärktes mediales Interesse zunehmend Educational Games in Lehreinrichtungen eingesetzt werden, ist GBL in anderen Bereichen weniger vertreten. In Bezug auf Auswahl und Entwicklung des Humankapitals könnten Serious Games in Unternehmen, so genannte Business Games, die ins Berufsleben eintretende Generation der Digital Natives optimal unterstützen (Goertz, 2011). Allerdings stehen Entscheidungsträger dem als aufwendig und mit hohen Einstiegskosten verbundenen Wechsel zur neuen Lernmethode oftmals kritisch gegenüber (Haufe.de, 2014).

Diese Arbeit möchte eine Einsicht in den Bereich der Serious Games mit Fokus auf ihren Einsatz in der Wirtschaft bieten. Es wird auf Basis des aktuellen Forschungsstandes die Eignung und Bedeutung von GBL in Unternehmen untersucht. Darauf aufbauend werden ausgewählte Einsatzmöglichkeiten herausgestellt, um einschätzen zu können, inwieweit Potentiale genutzt werden und eine Wichtigkeit des Marktes abzuleiten.

Des Weiteren soll die Frage geklärt werden, in welchen Wirtschaftszweigen Serious Games derzeit eingesetzt werden, welche Auswirkungen sie haben und die Chancen in unerschlossenen Bereichen aufgedeckt werden. Zuletzt wird ein Ausblick darauf gegeben, welche Entwicklungen in den nächsten Jahren zu erwarten und welche etwaigen Herausforderungen noch zu bewältigen sind.

## 2. Allgemeine Grundlagen

Da Serious Games ein weit gefasster Begriff ist, auf den je nach Auslegung unterschiedliche Definitionen anwendbar sind, wird das auf die folgende Betrachtung zugeschnittene Teilkonzept der Business Games nach Masselink (2015) verwendet:

*"Educational business games are pedagogical applications, supported by a computer in accordance with specific rules, that uses entertainment to teach people several aspects of the functioning of a company, of a business or industry."*

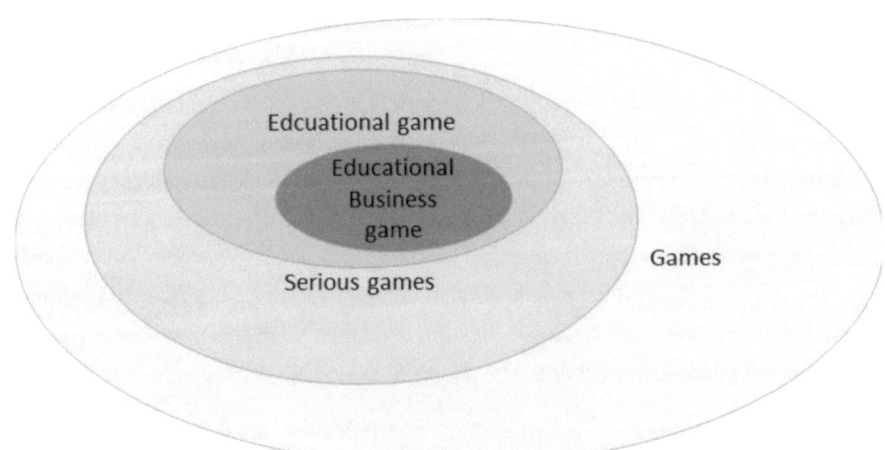

Abb. 1: Verortung von Educational Business Games innerhalb der Videospielesoftware
In: Masselink, Ton (2015): Design and Development of
Effective and Customizable Educational Business Games, S. 6, Fig. 1

## 2.1 Eigenschaften

Unterhaltende Spiele zeichnen sich dadurch aus, in einem ständigen Wechsel zwischen Handlung und Rückmeldung dem Nutzer Schritt für Schritt dafür benötigte Kenntnisse und Kompetenzen anzueignen (Le et al., 2013). Dies machen sich Serious Games zu Nutze, indem Abläufe der realen Welt simuliert und in einer Art und Weise dargestellt werden, dass Lernprozesse unterbewusst ablaufen. Der Nutzer selbst glaubt ein normales Spiel vor sich zu haben, obwohl der primäre Nutzen der Anwendung im Training und der Wissensvermittlung liegt. Eine solche Wahrnehmung qualifiziert Serious Games in vielerlei Hinsicht für den Einsatz in der Wirtschaft. Durch Immersion und Flow-Erlebnis, das vollkommene Einlassen auf und Aufgehen in der Spielewelt (Seriousgames.de, 2016), lassen sich komplexe Sachverhalte, seien es risikobehaftete Entscheidungen oder Handlungsabfolgen, in kontrollierter Herangehensweise lösen und beherrschen.

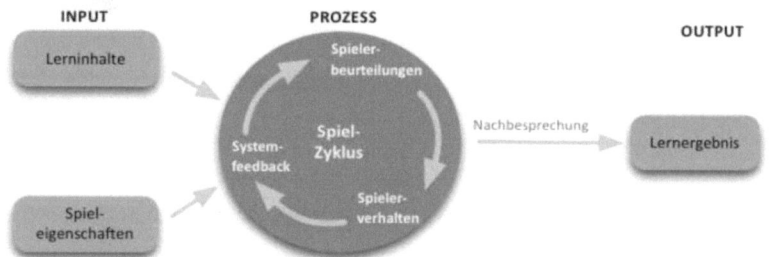

Abb. 2: Mechanismen und Lernprozesse in Serious Games
Nach: Garris & Driskell, 2002. Games, motivation, and learning: A research and practice modell
In: Simulation & Gaming, 33(4), Hrsg. Sage Publications, S. 445, Abb. 1

Spiele ermöglichen, dass in einer angenehmeren Lernumgebung und durch höhere intrinsische, sprich selbstgesteuerte Motivation ein besserer Lernerfolg zu verzeichnen ist. Auch wird statt nur über „Sehen" und „Hören" in Serious Games über eigenes Handeln gelernt, was die Wiederverwertbarkeit erhöht. Dies birgt in Kombination mit einem höheren Return of Investment Vorteile gegenüber konkurrierenden Lernmethoden wie Pen- & Paper Planspielen oder E-Learning (Masuch et al., 2011).

## 2.2 Aufbau und Konzeption

Die Erstellung von effektiven Serious Games gestaltet sich deutlich schwerer als bei einfachen Videospielen. Während für letztere lediglich das Ziel der Unterhaltung maßgeblich ist, müssen bei Serious Games zusätzlich alle intendierten Lernziele überprüfbar erreicht werden können (Winn, 2008). Hierbei tritt im Gegensatz zu anderen Anwendungsbereichen das signifikante Problem auf, dass in der Wirtschaft für jedes Unternehmen aufgrund unterschiedlichster Gegebenheiten individuelle Ziele zu erreichen sind. Business Games sind nicht universal einsetzbar, sondern müssen auf den Kunden angepasst werden, wenn sie ihren gewünschten Effekt erzielen sollen. Beim Game Design sollte ein modularer Aufbau gewählt werden, um Spielkomponenten größere Nutzbarkeit zu verschaffen und Kosten zu senken. Als Lösung für die breitere Anwendung eines Business Games stehen drei Vorgehensweisen (Masselink, 2015) zur Verfügung: Zum einen kann eine bereits durch den Entwickler vorgenommene Anpassung der Gesamtsituation unterschiedliche Kontexte abdecken. Andererseits soll der Spielbegleiter Prämissen treffen können, um ähnliche Abläufe selber zu definieren. Zuletzt ist die intelligente Anpassung des Spiels an das Verhalten jeder Einzelperson eine wichtige Maßnahme zur optimalen Zielerreichung.

Laut Yang et al. (2012) bestehen Serious Games aus Lerninhalten, Lernstrategien und Spielelementen, deren ausgewogene Verknüpfung kritisch für die späteren Resultate ist. Das Hauptaugenmerk liegt während der Konzeption auf einem ununterbrochenen Abgleich mit den zu erreichenden Lerneffekten. Während z. B. Educational Games für eine Zielgruppe entwickelt werden, müssen in Business Games neben pädagogischer Qualität auch Vorstellungen der Personalverantwortlichen berücksichtigt werden. Nachdem diese zuerst in die Konzeption eingebunden wurden, erfolgt bereits vor der Umsetzung ein umfassender Effektivitätscheck, um spätere Testphasen zu entlasten. Marfisi-Schottman et al. (2009) empfehlen hier weiterhin eine differenzierte Simulation von Verhaltensprofilen.

Es existiert also eine Reihe von Herausforderungen, die den Erstellungsprozess von Business Games erschweren. Sofern diese aber beachtet und in puncto Individualisierungsgrad und Leistungskontrolle gewissenhaft entwickelt werden, sind sie aufgrund ihrer Eigenschaften zur Qualifizierung von Personal in der Wirtschaft geeignet.

## 3. Bedeutung für das Personalmanagement

Aufgrund komplexerer Tätigkeiten und Technologisierung ändern sich derzeit vor Allem in Industriestaaten die Anforderungen an Mitarbeiter. Sie müssen flexibler einsetzbar sein und über höhere Qualifizierung verfügen als noch im letzten Jahrhundert. Parallel stärkt eine fortschreitende Globalisierung, z. B. in multikulturellen Arbeitsgruppen, die Bedeutung von Soft Skills. Frontale Vorträge oder Schulungen können sich aufgrund der ihnen innewohnenden Beschränktheit des Involvements diesem Wandel nicht in dem Maße anpassen wie GBL.

Klassische Personalentwicklungsmaßnahmen stehen gerade bei jüngeren Arbeitnehmern nicht gerade hoch im Kurs. *„Zehn bis 13 Jahre Schule haben bei vielen Arbeitnehmern den Eindruck verfestigt, dass Lernen stets mit unangenehmer zusätzlicher Arbeit verbunden ist und selten Freude macht."* (Goertz, 2011) Als gegensteuernder Trend werden in Betrieben Planspiele verwendet, die einen ersten Schritt in Richtung Simulation von betrieblichen Situationen gehen. Business Games bedeuten hier mit ihrer digitalen Komponente eine konsequente Weiterführung des Planspielgedankens und passen sich dadurch unter anderem der Generation der Digital Natives an.

Business Games erfordern aber nicht nur eine andere Herangehensweise von Mitarbeitern, sondern stellen auch neue Herausforderungen an die zuständigen Personaler. So wandelt sich ihr Selbstverständnis: Während des Einsatzes von GBL ändert sich ihre Rolle vom Coach zum Berater, der die Lernenden unterstützend durch das Spiel begleitet (Masuch et al., 2011). Damit die Personalführung ihrer neuen Aufgabe gerecht werden kann, ist beim Einsatz eine gewisse Medienkompetenz erforderlich.

Im Vergleich zu anderen Lernmethoden ist die Einführung von Business Games mit einer Einstiegshürde verbunden, sei es durch die vorausgehende Entwicklungsdauer oder Kosten für eine effektive Individualisierung der Software. Auch muss im Hinblick auf ganzheitliches Personalmanagement das sonstige Qualifizierungsangebot umgestellt und mit dem Lernspiel in Einklang gebracht werden. Aufgabe eines Unternehmens ist es also abzuwägen, zu welchem Zeitpunkt und in welchem Umfang eine Einführung sinnvoll erscheint und dass es nahtlos in bestehende Strukturen integriert wird.

Ein gutes Business Game kann wichtige Aufgaben des Managements, wie z. B. Recruiting neuer Arbeitnehmer, Bewertung von Strategien oder Weiterbildung unterstützen. Darauf wird in den beiden folgenden Abschnitten genauer eingegangen.

## 4. Unterstützung von Führungspositionen

Innerhalb einer Organisation ist es von existentieller Bedeutung, den Nachwuchs an Führungskräften an ihre zukünftigen Tätigkeiten heranzuführen oder auch dem derzeitigen Management richtiges Verhalten in ungewohnten Situationen anzueignen. Business Games bieten hier den Vorteil, dass Abläufe und Entscheidungen realitätsnah erlernt werden können. In einer sicheren Umgebung kann der Anwender nach dem Trial-and-Error-Prinzip ausprobieren, ohne dass Fehler unmittelbare Auswirkungen auf den Unternehmensablauf haben. Ein solcher Einsatz, der auf Unterstützung von Führungskräften abzielt, wird anhand der Wirtschaftssimulation „Strategic Corporate Management" (Marketplace Live) exemplarisch betrachtet.

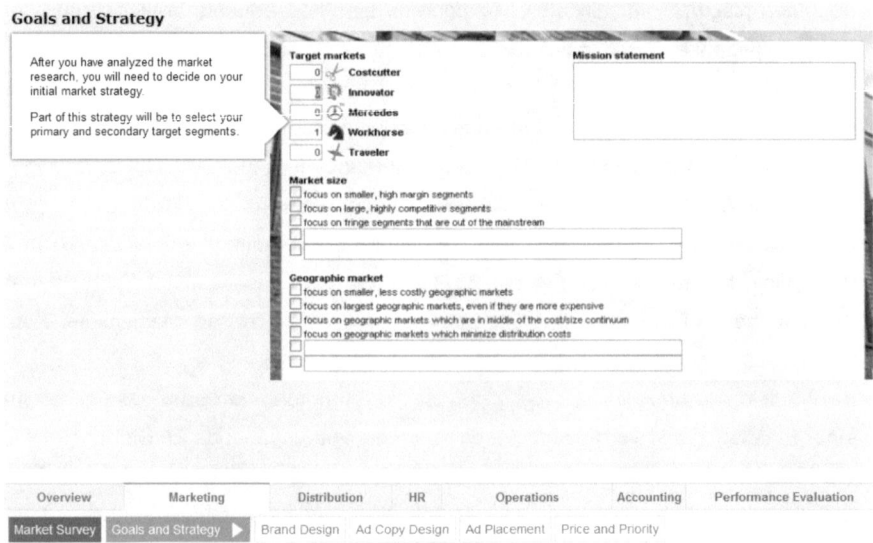

Abb. 3: Demo des Serious Games „Strategic Corporate Management" von Marketplace Live
Quelle: https://www.marketplace-simulation.com/

umgesetzt werden. Im Beispiel handelt es sich um eine Simulation, eine für den Einsatzbereich typische Wahl, da Übersichtlichkeit gewährleistet wird und die Storyline als strukturierendes Element im Hintergrund fungiert. Es werden mehrere Unternehmenszustände vom Start-up bis zur etablierten Firma durchlaufen, wodurch Entscheidungsgrundlagen beeinflusst werden und Flexibilität gefordert wird. Auch müssen sich Spieler mit dem gesamten Aufgabenspektrum des Managements (s. Abbildung 3) auseinandersetzen, sodass bei jeder Handlung Abhängigkeiten zu berücksichtigen sind. Je nachdem, wie sich das eigene Unternehmen entwickelt, müssen Konflikte gelöst und negative Folgen korrigiert werden. Der Spieler wird angeleitet, seine Entscheidungen permanent zu reflektieren - ein Punkt dem aufgrund der Aktualität vermeidbarer Managementfehler hohe Bedeutung zukommt. Dies geschieht durch eine Vielzahl an Berichten und Auswertungs-Tools. Solche Features fördern nicht nur eine konstruktive Problemlösung und Sozialkompetenzen wie Koordination, auch das Einhalten wirtschaftlicher Regeln und eine Bewältigung möglicher Konflikte wird trainiert; können Erfolge auf andere Unternehmensbereiche übertragen werden, stärkt dies zudem die für Führungskräfte notwendigen Transferqualifikationen (Breitlauch, 2013).

Mit ihrer anwendungsorientierten Zielsetzung beschleunigen Business Games nicht nur den Lernvorgang, nach Petridis et al. (2015) resultieren auch eine höhere Produktivität, bessere Kundenkommunikation und Zusammenarbeit mit Geschäftspartnern, wodurch sie indirekt erfolgswirksam sind.

## 5. Auswirkung auf die Personalentwicklung

Serious Games können auch in anderen Bereichen der Personalentwicklung eingesetzt werden. So sind sie nützlich für das Talent Management: Zum einen kann ein Unternehmen sich als moderner und aufgeschlossener Arbeitgeber profilieren, zum anderen lässt das intensive Involvement ins Spielgeschehen Rückschlüsse auf Eigenschaften und Verhalten von Bewerbern zu. Voraussetzung für das Erzielen aussagekräftiger Ergebnisse ist, dass den Personalern umfassende Auswertungsmöglichkeiten wie Scoreboards, Aufzeichnungen von Verhaltensmustern oder Charakterprofile zur Verfügung gestellt werden.

Nach Auffassung des Verfassers findet dies bisher allerdings zu wenig Beachtung, da sich das Gros der Forschung im Bereich Auswertung von Serious Games auf Lernerfolge fokussiert. Sollte in Zukunft eine detaillierte Recruiting-Evaluation in

Business Games eingebunden werden, könnte der Einsatz von wenig validen Verfahren wie Assessment-Centern (Rettig, 2009) reduziert werden.

Ein prominentes Beispiel für Personalgewinnung mit Unterstützung von Business Games ist das US-amerikanische Verteidigungsministerium. Es setzt seit 2002 sein eigenes Business Game America's Army als Rekrutierungsmittel ein. Dabei werden über Spielelemente („Honor-Level") erbrachte Leistungen auf notwendige, gesuchte Fähigkeiten übertragen, woraufhin Spieler gezielt auf zu besetzende Positionen angesprochen werden. Der Multiplayer-Aspekt des Shooters ermöglicht neben der individuellen Leistung eine Beurteilung der Gruppeninteraktion, eine Kennzahl zur Eignung für eine teamorientierte Organisation. Der Trend hin zu Arbeitsgruppen, in denen im Arbeitsalltag ständig Teammitglieder ausgewechselt oder neu integriert werden, macht solche auf Zusammenarbeit oder Konkurrenz ausgelegte Business Games auch für Weiterbildungsmaßnahmen in Unternehmen interessant.

Hier kann das intellektuelle Knowhow der gesamten Belegschaft gesteigert werden, denn eine Verbesserung der Soft Skills wirkt sich positiv auf die Innovationsfähigkeit der Firma aus. Motiviertere und teamfähigere Mitarbeiter stellen einen Wettbewerbsvorteil dar, der die Wahrscheinlichkeit wirtschaftlichen Erfolgs erhöht (Von der Heiden et al., 2011). Eine Rolle spielt dabei ebenfalls die Kreativität, welche mit offenen Spielumgebungen (Open-World vs. Schlauchlevel-Design) und damit einhergehend verschiedenen Strategien zur Lösungsfindung angesprochen wird (Breitlauch, 2013). Es wird sich erhofft, dass das Interesse am Entdecken und Selbstverwirklichen über den gemeinsamen Kontext vom Spiel auf die reale Berufswelt transferiert wird. Nach Oertel (2012) ist es dafür wichtig, auf die Authentizität der virtuellen Welt zu achten, da sonst das Eintreten des Flows erschwert wird.

Ein weiterer Vorteil von Business Games in der Weiterbildung ist, dass sie verschiedene Arten von Lernprozessen mit einbeziehen. Aus der von Le et al. (2013) vorgenommenen Differenzierung sind unter anderem selbstgesteuertes, emotionales und konstruktives Lernen im Unternehmensumfeld von Bedeutung.

Selbstgesteuertes Lernen trägt beispielsweise dazu bei, dass Spieler ungezwungener und aufgeschlossener an die Lernmaßnahme herangehen, da sie Dauer und Vorgehensweisen selber festlegen können. Dagegen sensibilisiert emotionales Lernen für eine Identifikation mit dem eigenen Arbeitsumfeld, was durch die intensive Auseinandersetzung mit dem Handlungsgeschehen erreicht wird. Zuletzt führt der konstruktive Ansatz von Business Games über den kontinuierlichen Wechsel aus Handlung, Rückmeldung und auf Reflexion von Ergebnissen basierender erneuter Handlung zu einem schrittweisen Aufbau von erforderlichen Kompetenzen und Kenntnissen.

Da Lernvorgänge beim Spielen nicht explizit wahrgenommen werden, existiert eine niedrige Hürde, sich auf den Lerninhalt einzulassen. Damit können auch ältere Arbeitnehmerschichten erreicht werden, die für konventionelle Fortbildungsmaßnahmen nicht mehr zugänglich sind. Studien der Interactive Software Federation of Europe stützen diese Annahme; im Jahre 2012 waren 34-40 % (w/m) der Europäer im Alter von 45 bis 54 Jahren Konsumenten von Spielen, in der Altersgruppe von 55 bis 64 immerhin noch 27-28 % (European Summary Report, 2012).

## 6. Derzeitige Verbreitung & potentielle Märkte

Im Industriezweig der Business Games ist es Usus, dass Entwicklerstudios vorgefertigte Konzepte zu Unternehmensfunktionen wie Management oder Marketing branchenunabhängig zu entwickeln und in konkreten Aufträgen diese Systeme auf ein einzelnes Unternehmen anpassen. Wie man von diversen Anbietern wie Marketplace Live erfährt, setzen insbesondere Großunternehmen und Global Player mit entsprechendem Budget solche Lösungen ein. Dennoch gibt es einige Branchen, sei es durch Eigeninitiativen oder Branchenverbände, die eigene Business Games für ihren Einsatzbereich entwickelt haben. So werden z. B. seit Jahrzehnten Flugsimulatoren in der Luftfahrt eingesetzt. Um die virtuelle Welt bestmöglich nachzubilden, wurden räumliche Full Flight Simulatoren entworfen, wodurch der Lernende als physischer Teil des Spiels eine stärkere Immersion erfährt.

Zeichnete sich die Ausbildung eines Piloten früher dadurch aus, dass eine bestimmte Anzahl an Flugstunden erreicht werden musste, konnte durch Simulatoren die Ausbildungsdauer verkürzt und die Zahl an kostenintensiven Trainingsflügen reduziert werden, ohne die Qualität der Ausbildung zu vermindern.

Damit fungiert die Luft- und Raumfahrt als Vorbild für andere Branchen, die mittlerweile Business Games adaptiert haben. In Deutschland setzt die deutsche Bahn sie in der

Lokführerweiterbildung ein und auch die Logistikbranche forscht derzeit nach eigenen Lösungen (Projekt ArKoH). Das Potential ist dabei im Hinblick auf die Industrie 4.0 lange noch nicht ausgeschöpft. Zunehmende Automatisierung von Prozessen erfordert Personal, welches diese hochkomplexen Systeme bedienen kann. Da sich die Einarbeitung in ein unternehmensspezifisches System auf konventionellem Wege aufwändig gestaltet, könnte dies ein zukünftiger Einsatzort für Business Games sein.

## 7. Diskussion und Ausblick

In dieser Arbeit wurden zahlreiche Vorteile und Einsatzmöglichkeiten von Serious Games in der Wirtschaft dargelegt. Gleichzeitig offenbaren sich aber auch Defizite und Probleme, welche es zu lösen gilt. So fehlt es in der Umsetzung immer noch an Best Practices und die Forschung ist in der Pflicht, einheitliche Standards zu definieren. Beides ist entscheidend, „[...] um die Produktion eines DLS einfacher und erfolgssicherer zu gestalten" (Masuch et al., 2011).

Der konzeptionelle Ansatz des spielerischen Lernens kann nach Jantke (2011) nur funktionieren, wenn man Spiel und Kontext in einer Einheit entwickele. Eine nicht angepasste Simulation könne dieses nicht zwangsläufig sicherstellen. Trotz aller genannten Vorteile sind Business Games allein daher kein Königsweg. Der hohen Effektivität steht das entsprechende Risiko gegenüber, dass die Balance zwischen Spiel und Pädagogik nicht erreicht wird. Ob sich die Branche auf dem richtigen Weg befindet, ist nach wie vor schwer abzuschätzen. Wie Goertz (2011) anmerkt, existiert bislang keine flächendeckende Studie, die als empirischer Beleg für die Anwendung und Zielerreichung in Unternehmen herangezogen werden könnte.

Im Vergleich zum Rest der Spielebranche haben es Serious Games schwer, das selbige ansprechende Niveau zu erreichen, da teils zweistellige Millionenbeträge in die Spieleentwicklung investiert werden, was ein Firmenbudget klar übersteigt.

Überdies fallen durch die didaktische Komponente deutliche Mehrkosten an, weshalb Unternehmen zögern, solange das Lernmedium nicht vollends ausgereift ist. Bis dahin sieht der Verfasser eine mögliche Lösung in einem integrierten Lernmix in Anlehnung an das Konzept des Blended Learning, wobei mit zunehmender Erfahrung der Anteil des GBL sukzessive gesteigert werden sollte.

Alles in allem ist davon auszugehen, dass sich der Trend der letzten Jahre fortsetzen wird und Business Games, wie auch Serious Games im Allgemeinen, ein wachsender, sich selbst stets neu erfindender Markt bleiben werden. Gewährleistet wird dies durch die katalytische Wirkung der boomenden Spieleindustrie, neue technische Möglichkeiten in der Spieleentwicklung und langsam, aber stetig wachsendes Interesse in den Führungsetagen von Unternehmen. Es bleibt abzuwarten, ob die Forschung im Bereich des GBL mit dem Tempo der Digitalisierung mithalten kann und zukünftige Entwicklungen unter anderem der Lernpsychologie und Didaktik für sich zu nutzen weiß.

# Literaturverzeichnis

Masselink, Ton (2015): Design and Development of Effective and Customizable Educational Business Games.

Oertel, Dagmar (2012): Einsatz von Serious Games in der beruflichen Aus- und Weiterbildung.

Susi, Tarja / Johannesson, Mikael / Backlund, Per (2007): Serious Games – An Overview.

Yang, Ching-Sheng / Lin, Shu-Hua / Wang, Kuo-Hua (2012): A Comparison of Learning Effectiveness Among Serious Games with Varying Degrees of Playability.

Goertz, Dr. Lutz: Einsatzmöglichkeiten für Serious Games in Unternehmen. Spielerisch lernen und Zusammenhänge erkunden. In: MMB-Institut: Personalführung, Ausgabe 2/2011, Seiten 58-65

Jantke, Klaus P.: Potenziale und Grenzen des spielerischen Lernens. In: Metz, Maren / Theis, Fabienne (Hrsg.) (2011): Digitale Lernwelt - Serious Games. Einsatz in der beruflichen Weiterbildung. W. Bertelsmann Verlag, Bielefeld

Le, Son / Weber, Peter / Ebner, Martin: Game-Based Learning. Spielend lernen? In: Ebner, Martin (Hrsg.) / Schön, Sandra (Hrsg.): L3T. Lehrbuch für Lernen und Lehren mit Technologien. 2. Auflage 2013

Masuch, Maic / Schmidt, Ralf / Gehrling, Kathrin: Serious Games im Unternehmenskontext: Besonderheiten, Chancen und Herausforderungen der Entwicklung. In: Metz, Maren / Theis, Fabienne (Hrsg.) (2011): Digitale Lernwelt - Serious Games. Einsatz in der beruflichen Weiterbildung. W. Bertelsmann Verlag, Bielefeld

Petridis, Panagiotis / Hadjicosta, Kyriaki / Shi Guang, Victor / Dunwell, Ian / Baines, Tim / Bigdeli, Ali / Bustinza, Oscar F. / Uren, Victoria: State-of-the-art in Business Games. In: International Journal of Serious Games, Volume 2, Issue 1, January 2015

Von der Heiden, Bodo / Bock, Verena / Richert, Anja / Jeschke, Sabina: Learning by Playing: Potential von Serious Games zur Steigerung des Intellektuellen Kapitals. In: Jeschke, Sabrina / Isenhardt, Ingrid / Hees, Frank / Trantow, Sven (Hrsg.) (2011): Enabling Innovation. Innovationsfähigkeit - deutsche und internationale Perspektiven. Springer Berlin Heidelberg, Seiten 403-416

Winn, Brian M. (2008): The Design, Play, and Experience Framework. In: Ferding, Richard E. (Hrsg.) (2009): Handbook of research on effective electronic gaming in education, Volume 3, Seiten 1010-1024

Breitlauch, Prof. Dr. Linda (2013): Spielfreude als Lernmethode.
http://stiftung-digitale-spielekultur.de/artikel/spielfreude-als-lernmethode (23.06.2016)

Haufe.de (2014): E-Learning. Unternehmen scheuen vor Implementierung zurück.
https://www.haufe.de/personal/hr-management/e-learning-unternehmen-scheuen-vor-implementierung-zurueck_80_223738.html (21.06.2016)

Interactive Software Federation of Europe (2012): Videogames in Europe 2012 Consumer Study. http://www.isfe.eu/industry-facts/statistics (16.06.2016)

Newzoo (2016): Global Games Market Report.
https://newzoo.com/resources/# (20.06.2016)

Rettig, Daniel (2009): Assessment Center. „Infantile Allmachtsfantasie von Personalern".
http://www.wiwo.de/erfolg/jobsuche/assessment-center-infantile-allmachtsfantasie-von-personalern-seite-3/5218266-3.html (15.06.2016)

TÜV Rheinland Akademie GmbH / Seriousgames.de (2016): Didaktik. Wie Serious Games „ticken". http://www.seriousgames.de/?page_id=190 (23.05.2016)

# BEI GRIN MACHT SICH IHR WISSEN BEZAHLT

- Wir veröffentlichen Ihre Hausarbeit, Bachelor- und Masterarbeit

- Ihr eigenes eBook und Buch - weltweit in allen wichtigen Shops

- Verdienen Sie an jedem Verkauf

Jetzt bei www.GRIN.com hochladen und kostenlos publizieren